Domingo de Ramos

Por Mercedes Cecilia Fau
Ilustrado por Dennis Jones

Tesoros Bíblicos
Copyright © 2012 Editorial Concordia
3558 S. Jefferson Avenue, St. Louis, MO 63118-3968 U.S.A.
1-877-450-8694 • http://editorial.cph.org

Impreso en los Estados Unidos de América
Osage Beach, MO/038560/390191

–¡Vamos hermanito!
deja ya de jugar,
Jesús se está acercando,
lo tenemos que esperar.

–¡Rápido
con tus sandalias!
ya todos van para allá,

dicen que
sobre una asna,
hará su entrada triunfal.

—Es Jesús, nuestro profeta,
salvación nos dará,
creo que éste es el camino,
tendremos que preguntar.

–¿Vio hacia
dónde va la gente,
los que esperan a Jesús?
–Sí, niñita, es por ahí,
por el camino del Sur.

–Creo que nos perdimos,
preguntemos otra vez.

—Doblen por allí niños,
justo al lado del ciprés.

–No te distraigas, hermano,
tanta gente hay por doquier,

y si no nos apuramos,
¡no lo podremos ver!

–Mira, es Jesús en su burra,
te dije que llegaría,

para darnos de su amor
y llenarnos de alegría.

–¡Hosanna!–
decía la gente,
mientras Jesús bendecía,

los niños lo abrazaban,
todo era fiesta, alegría.

Queridos padres:

La historia del **Domingo de Ramos** se encuentra en Mateo 21:1-11.

Al leerles esta historia a sus hijos, pueden comentarles que esta entrada de Jesús a Jerusalén sucedió sólo unos días antes de su crucifixión y muerte. Muchos de los que acompañaban a Jesús estaban contentos y sorprendidos todavía por la resurrección de Lázaro el día anterior. Otros salieron a recibirlo desde Jerusalén porque habían escuchado hablar de él y de sus enseñanzas, y querían verlo personalmente.

Jesús sigue viniendo hoy, a través de su Palabra –la Biblia– para entrar en los corazones de los pecadores y llenarlos de alegría.

Den gracias a Dios porque Jesús viene a nosotros cada vez que leemos su Palabra, para traernos paz y alegría por medio del perdón de los pecados.

El editor